Impressum
Verlag: BABADADA GmbH, Nedderfeld 112 , 22529 Hamburg
Geschäftsführer / Verlagsleitung: Harald Hof
Druck: Books on Demand GmbH, In de Tarpen 42, 22848 Norderstedt

Imprint
Publisher: BABADADA GmbH, Nedderfeld 112 , 22529 Hamburg, Germany
Managing Director / Publishing direction: Harald Hof
Print: Books on Demand GmbH, In de Tarpen 42, 22848 Norderstedt

學校

iskola

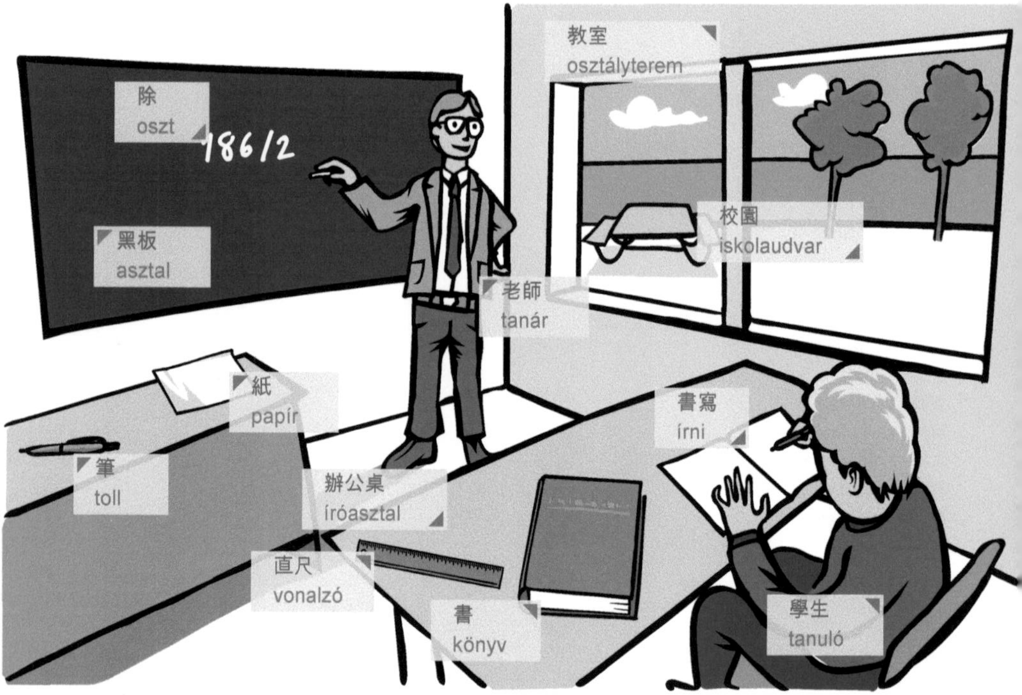

教室
osztályterem
除
oszt
186/2
黑板
asztal
校園
iskolaudvar
老師
tanár
紙
papír
書寫
írni
筆
toll
辦公桌
íróasztal
直尺
vonalzó
書
könyv
學生
tanuló

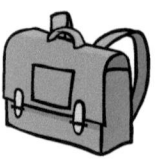

書包

iskolatáska

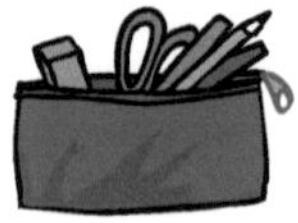

鉛筆盒

tolltartó

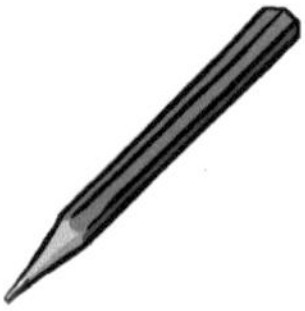

鉛筆

ceruza

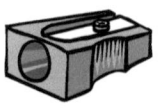

削鉛筆機

ceruzahegyező

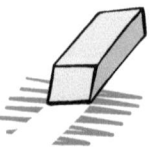

橡皮擦

radír

畫板

rajzfüzet

圖畫
rajz

畫筆
ecset

顏料盒
festőkészlet

剪刀
olló

膠水
ragasztó

練習冊
munkafüzet

家庭作業
házi feladat

12

數字
szám

2+2

加
összead

5−2

減
kivon

2×2

乘
szoroz

計算
számol

A

字母
betű

ABCDEFG
HIJKLMN
OPQRSTU
VWXYZ

字母表
ABC

hello

字
szó

課文
szöveg

讀
olvasni

粉筆
kréta

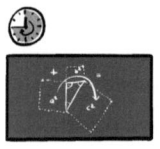

上課
tanóra

登記
napló

考試
vizsga

證書
bizonyítvány

校服
iskolai egyenruha

教育
oktatás

百科全書
enciklopédia

大學
egyetem

顯微鏡
mikroszkóp

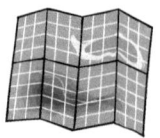

地圖
térkép

廢紙簍
papír-hulladék gyűjtö

旅行

utazás

飯店
hotel
青年旅社
szállás
ROOMS
EXCHANGE
外幣兌換處
valutaváltó iroda
手提箱
bőrönd
汽車
autó

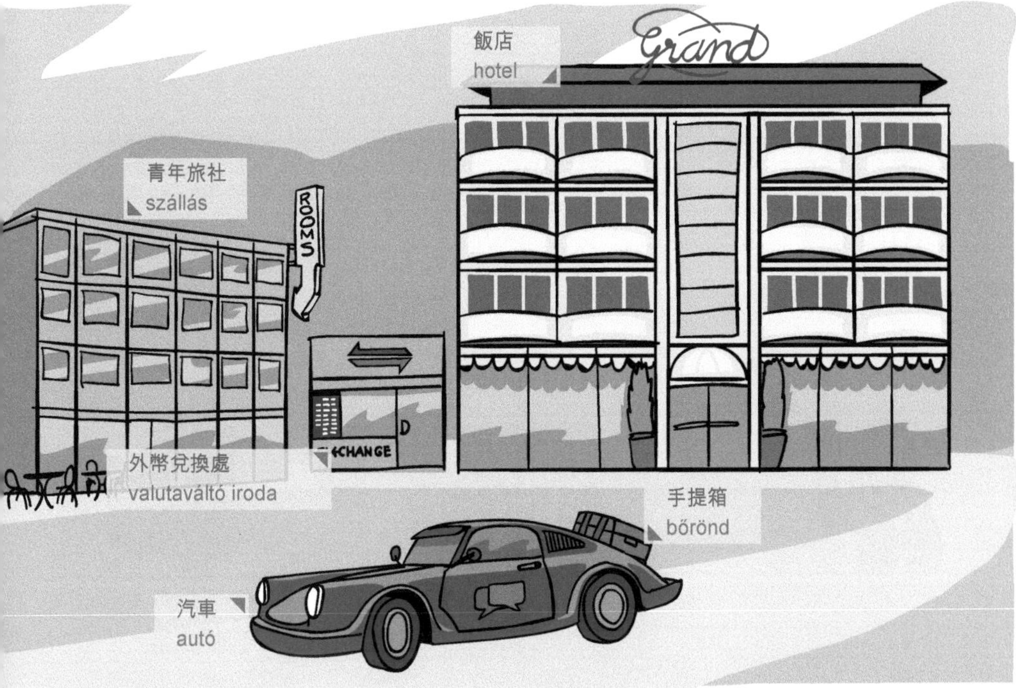

語言

nyelv

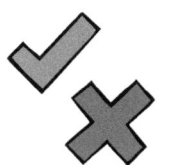

是/否

igen/nem

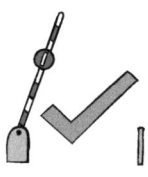

好的

rendben

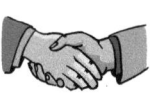

您好

szia

翻譯人員

fordító

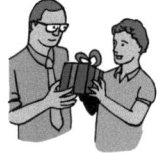

謝謝

köszönöm

……多少錢？

mennyibe kerül...?

我不明白

nem értem

問題

probléma

晚上好！

Jó estét!

早上好！

jó reggelt!

晚安！

jó éjszakát!

再見

viszontlátásra

方向

útirány

行李

poggyász

包

táska

背包

hátizsák

客人

vendég

房間

szoba

睡袋

hálózsák

帳篷

sátor

旅行資訊

turista információ

海灘

strand

信用卡

hitelkártya

早餐

reggeli

午餐

ebéd

晚餐

vacsora

票

jegy

電梯

lift

郵票

bélyeg

邊界

határ

海關

vám

大使館

nagykövetség

簽證

vízum

護照

útlevél

交通運送
közlekedés

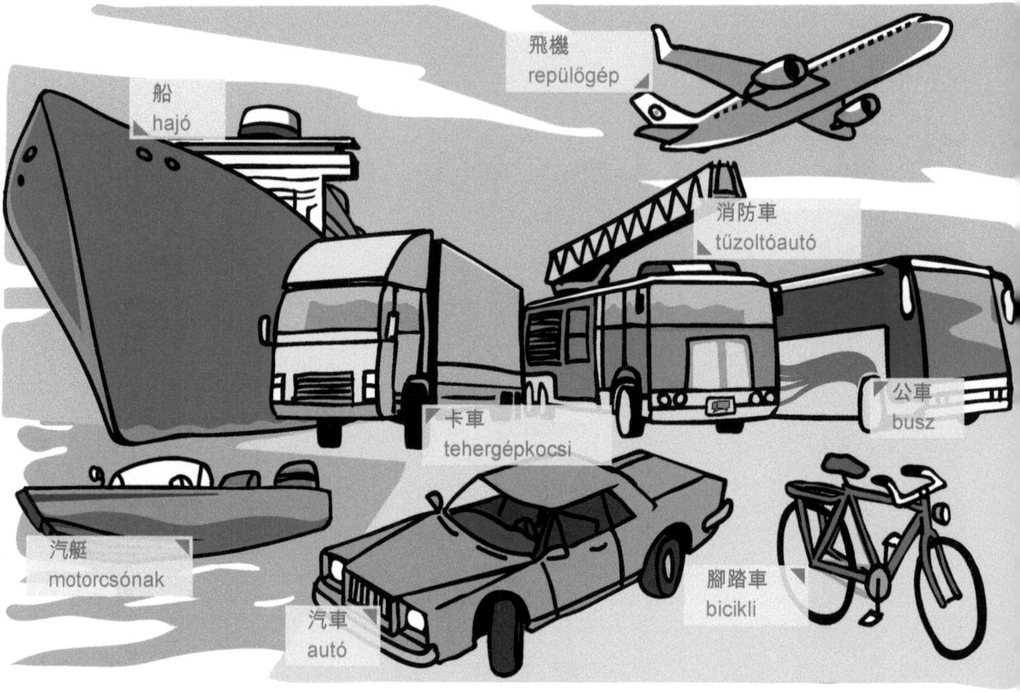

飛機
repülőgép
船
hajó
消防車
tűzoltóautó
公車
busz
卡車
tehergépkocsi
汽艇
motorcsónak
腳踏車
bicikli
汽車
autó

渡輪
komp

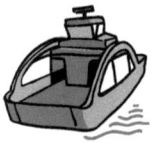

小船
csónak

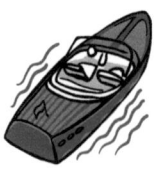

機車
motorkerékpár

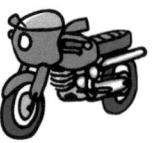

警車
rendőrautó

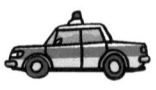

賽車
versenyautó

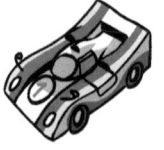

租車
bérautó

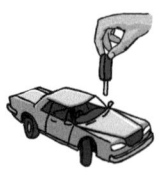

拼車

telekocsi

拖車

vontató

垃圾車

szemetes autó

馬達

motor

汽油

üzemanyag

加油站

benzinkút

交通標識

közlekedési tábla

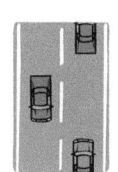

交通

forgalom

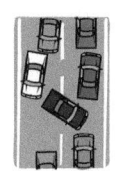

交通堵塞

forgalmi dugó

停車場

parkoló

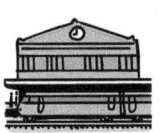

火車站

vonatállomás

軌道

sínek

火車

vonat

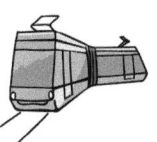

路面電車

villamos

客車廂

vagon

直升機

helikopter

機場

repülőtér

塔

torony

乘客

utas

集裝箱

konténer

紙板箱

kartondoboz

手推車

taliga

籃子

kosár

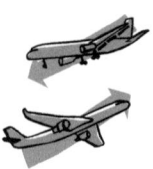

起飛/降落

felszáll / leszáll

城市

város

村莊

falu

市中心

városközpont

房子

ház

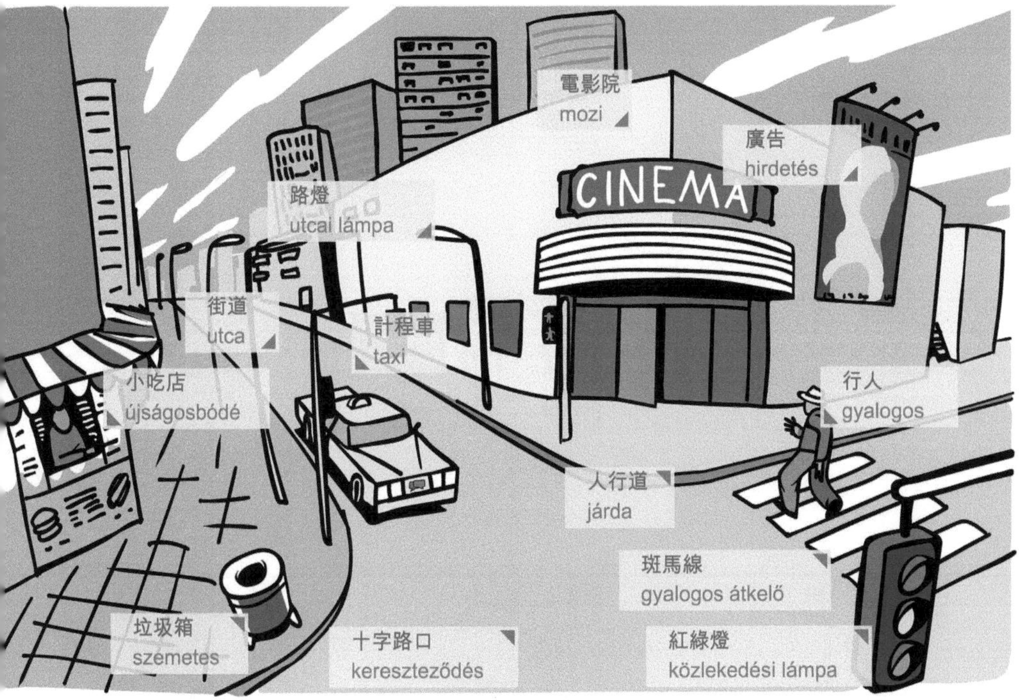
電影院
mozi
廣告
hirdetés
CINEMA
路燈
utcai lámpa
街道
utca
計程車
taxi
小吃店
újságosbódé
行人
gyalogos
人行道
járda
斑馬線
gyalogos átkelő
垃圾箱
szemetes
十字路口
kereszteződés
紅綠燈
közlekedési lámpa

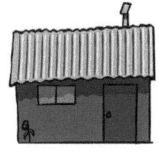

小屋

kunyhó

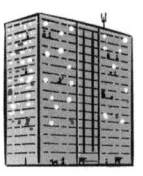

公寓

lakás

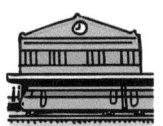

火車站

vonatállomás

市政廳

városháza

MUSEUM

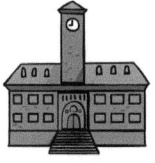

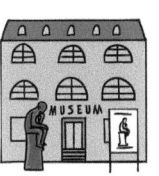

博物館

múzeum

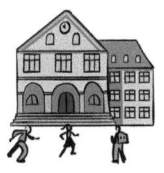

學校

iskola

大學 egyetem	**銀行** bank	**醫院** kórház

飯店 hotel	**藥房** gyógyszertár	**辦公室** iroda

書店 könyvesbolt	**商店** üzlet	**花店** virágüzlet

超市 szupermarket	**市場** piac	**百貨商店** áruház

魚店 halárus	**購物中心** bevásárló központ	**海港** kikötő

公園

park

長凳

pad

橋

híd

樓梯

lépcső

捷運

metró

隧道

alagút

公車站

buszmegálló

酒吧

bár

餐館

étterem

郵筒

postaláda

路標

utcatábla

停車計時器

parkoló óra

動物園

állatkert

游泳池

uszoda

清真寺

mecset

農場
gazdálkodás

污染
környezetszennyezés

墓地
temető

教堂
templom

操場
játszótér

寺廟
szentély

地形
táj

樹葉
levél

指示牌
útjelző tábla

路
út

草地
rét

石頭
kő

徒步旅行
者
túrázó

樹
fa

河
folyó

草
fű

花
virág

峽谷
völgy

丘陵
domb

湖
tó

森林
erdő

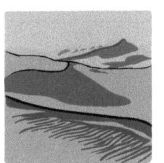

沙漠
sivatag

火山
vulkán

城堡
kastély

彩虹
szivárvány

蘑菇
gomba

棕櫚樹
pálmafa

蚊子
szúnyog

蒼蠅
légy

螞蟻
hangya

蜜蜂
méhecske

蜘蛛
pók

甲蟲

bogár

青蛙

béka

松鼠

mókus

刺蝟

sündisznó

野兔

nyúl

貓頭鷹

bagoly

鳥

madár

天鵝

hattyú

野豬

vaddisznó

鹿

szarvas

麋鹿

rénszarvas

水壩

gát

風力發電機

szélturbina

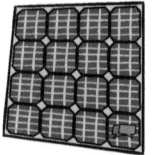

太陽能電池板

napelem

氣候

éghajlat

餐館
étterem

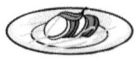

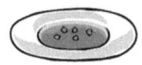

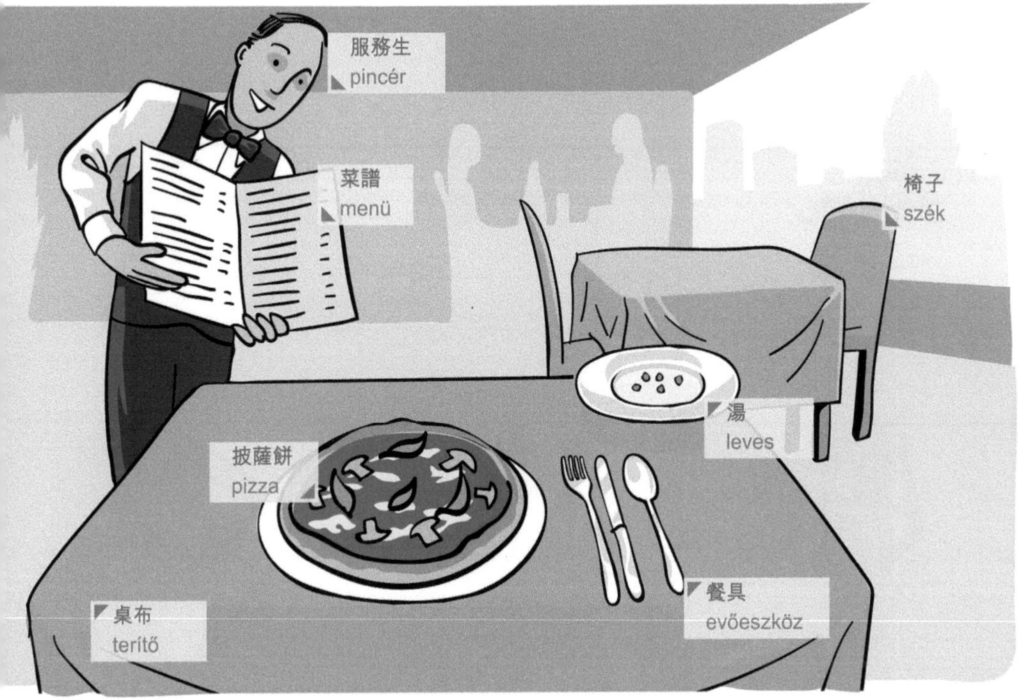

服務生
pincér
菜譜
menü
椅子
szék
湯
leves
披薩餅
pizza
餐具
evőeszköz
桌布
terítő

前菜

előétel

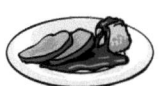

主菜

főétel

甜點

desszert

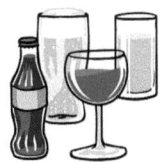

飲料

italok

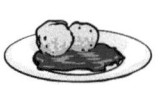

食物

étel

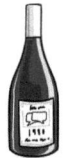

瓶子

üveg

速食

gyorsétel

街邊小吃

gyorsétel

茶壺

teás kanna

糖盒

cukortartó

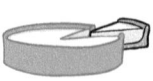

一份飯菜

adag

義式咖啡機

eszpresszógép

高腳椅

bárszék

帳單

számla

托盤

tálca

刀

kés

餐叉

villa

勺子

kanál

茶匙

teáskanál

餐巾

szalvéta

玻璃杯

pohár

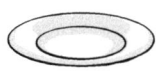

碟子

tányér

湯盤

leveses tányér

碟子

csészealj

醬

szósz

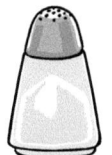

鹽瓶

sószóró

胡椒研磨罐

borsőrlő

醋

ecet

食用油

étkezési olaj

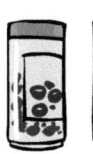

調味料

fűszerek

番茄醬

ketchup

芥末

mustár

美乃滋

majonéz

超市

szupermarket

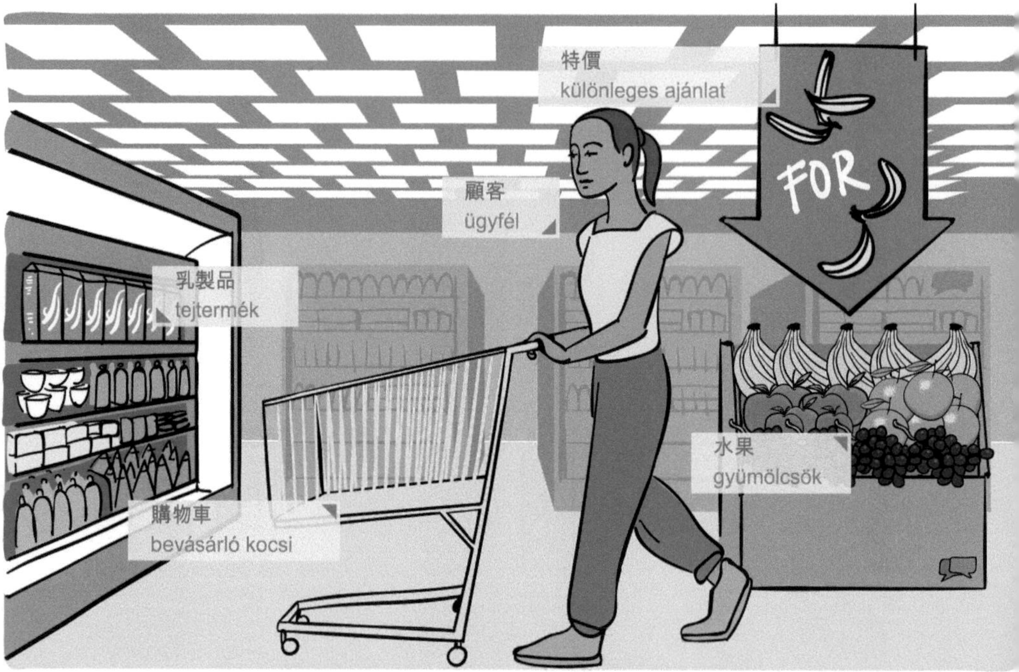
特價
különleges ajánlat
顧客
ügyfél
乳製品
tejtermék
FOR
水果
gyümölcsök
購物車
bevásárló kocsi

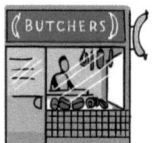

BUTCHERS

肉鋪

hentes

BAKERY

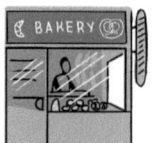

麵包店

pékség

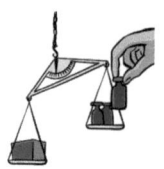

稱重

nyom valamennyit

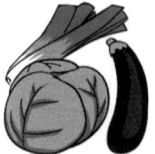

蔬菜

zöldség

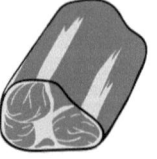

肉

hús

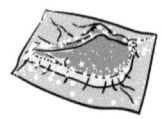

冷凍食品

fagyasztott áru

冷盤
felvágott

罐頭食品
konzerv

洗衣粉
mosópor

甜食
édességek

日用品
háztartási termék

清潔用品
tisztítószerek

銷售員
eladó

收銀機
pénztárgép

收銀員
eladó

購物清單
bevásárló lista

開放時間
nyitva tartás

錢包
levéltárca

信用卡
hitelkártya

袋子
zacskó

塑膠袋
műanyag zacskó

水

víz

果汁

gyümölcslé

牛奶

tej

可樂

kóla

紅酒

bor

啤酒

sör

酒

alkohol

可可

kakaó

茶

tea

咖啡

kávé

義式濃縮咖啡

eszpresszó

卡布奇諾

kapucsínó

香蕉

banán

蘋果

alma

柳丁

narancs

西瓜

sárgadinnye

檸檬

citrom

胡蘿蔔

sárgarépa

大蒜

fokhagyma

竹子

bambusz

洋蔥

hagyma

蘑菇

gomba

堅果

magvak

麵條

nokedli

義大利麵

spagetti

米飯

rizs

沙拉

saláta

薯條

sült krumpli

炸馬鈴薯

sült burgonya

披薩餅

pizza

漢堡

hamburger

三明治

szendvics

炸豬排

hússzelet

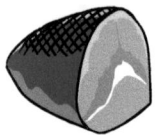

火腿

sonka

義大利臘腸

szalámi

香腸

kolbász

雞肉

csirke

烤肉

pecsenye

魚

hal

燕麥片

zabkása

木斯里

müzli

玉米片

kukoricapehely

麵粉

liszt

牛角麵包

croissant

麵包捲

zsemle

麵包

kenyér

吐司

pirítós kenyér

餅乾

keksz

奶油

vaj

凝乳

túró

蛋糕

sütemény

蛋

tojás

煎蛋

tükörtojás

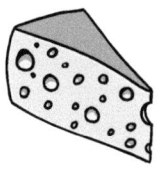

起司

sajt

冰淇淋

jégkrém

糖

cukor

蜂蜜

méz

果醬

lekvár

巧克力醬

mogyorókrém

咖哩

curry

農場
gazdálkodás

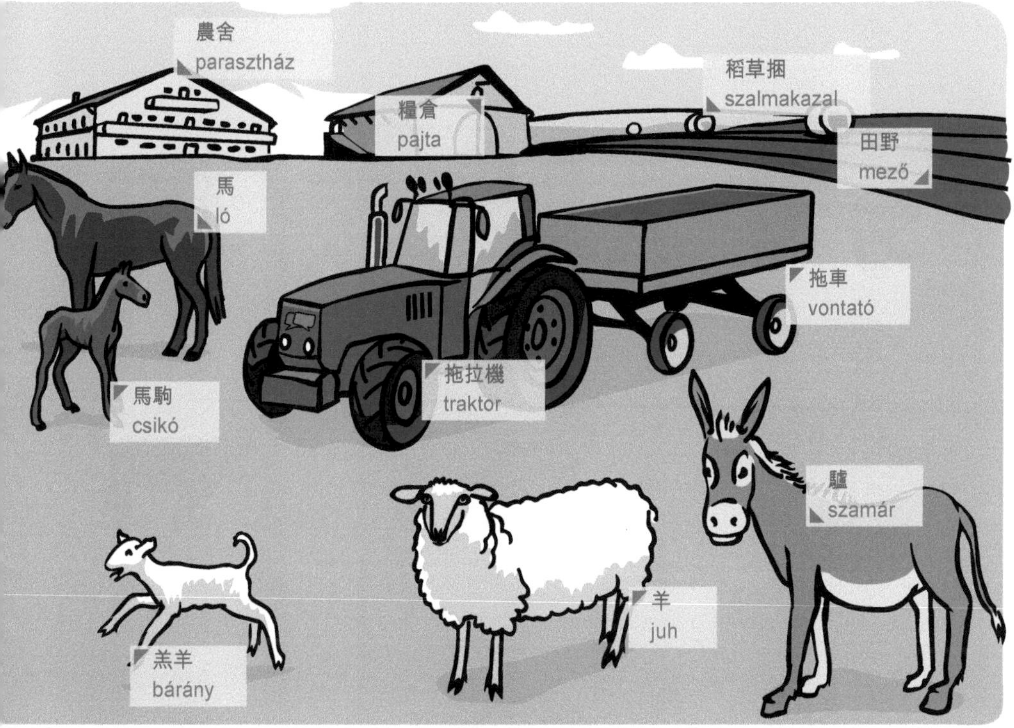

農舍
parasztház
糧倉
pajta
稻草捆
szalmakazal
田野
mező
馬
ló
拖車
vontató
拖拉機
traktor
馬駒
csikó
驢
szamár
羊
juh
羔羊
bárány

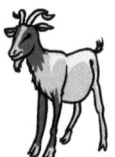

山羊

kecske

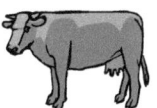

奶牛

tehén

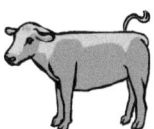

小牛

borjú

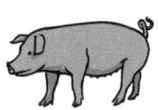

豬

malac

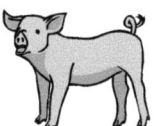

小豬

kismalac

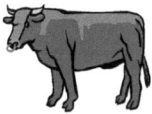

公牛

bika

鵝

liba

鴨

kacsa

小雞

csibe

母雞

tojó

公雞

kakas

鼠

patkány

貓

macska

老鼠

egér

牛

ökör

狗

kutya

狗屋

kutyaház

花園澆水軟管

kerti öntözőcső

澆水壺

öntözőkanna

長柄大鐮刀

kasza

犁

eke

鐮刀

sarló

鋤頭

kapa

長柄草耙

vasvilla

斧頭

fejsze

獨輪手推車

talicska

飼料槽

teknő

牛奶罐

tejes kancsó

麻布袋

zsák

柵欄

kerítés

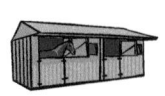

馬廄

istálló

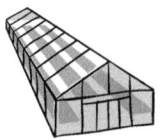

溫室

üvegház

土壤

talaj

種子

vetőmag

肥料

trágya

聯合收割機

cséplőgép

收割

szüretelni

收割

betakarítás

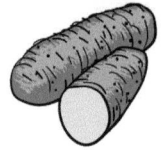

地瓜

yamgyökér

小麥

búza

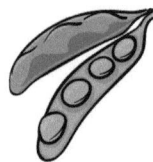

大豆

szója

土豆

burgonya

玉米

kukorica

油菜籽

repcemag

果樹

gyümölcsfa

樹薯

manióka

穀物

gabona

煙囱
kémény

屋頂
tető

落水管
eresz

窗戶
ablak

車庫
garázs

門鈴
ajtócsengő

門
ajtó

垃圾桶
szemetes

信箱
postaláda

花園
kert

客廳
nappali

浴室
fürdőszoba

廚房
konyha

臥室
hálószoba

兒童房
gyerekszoba

餐廳
ebédlő

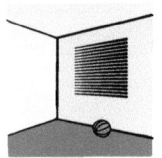

地板

padló

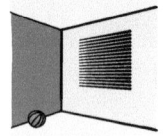

牆壁

fal

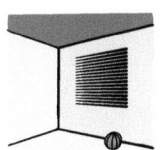

天花板

plafon

地窖

pince

三溫暖

szauna

陽臺

erkély

露臺

terasz

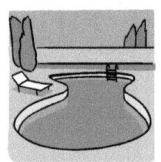

游泳池

medence

割草機

fűnyíró

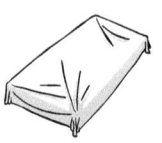

被單

lepedő

床罩

ágytakaró

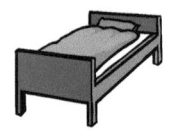

床

ágy

掃帚

seprű

水桶

vödör

開關

kapcsoló

客廳

nappali

壁紙
tapéta
相片
kép
檯燈
lámpa
擱架
polc
櫥櫃
szekrény
電視
televízió
壁爐
kandalló
花
virág
墊子
párna
沙發
kanapé
花瓶
váza
遙控器
távirányító

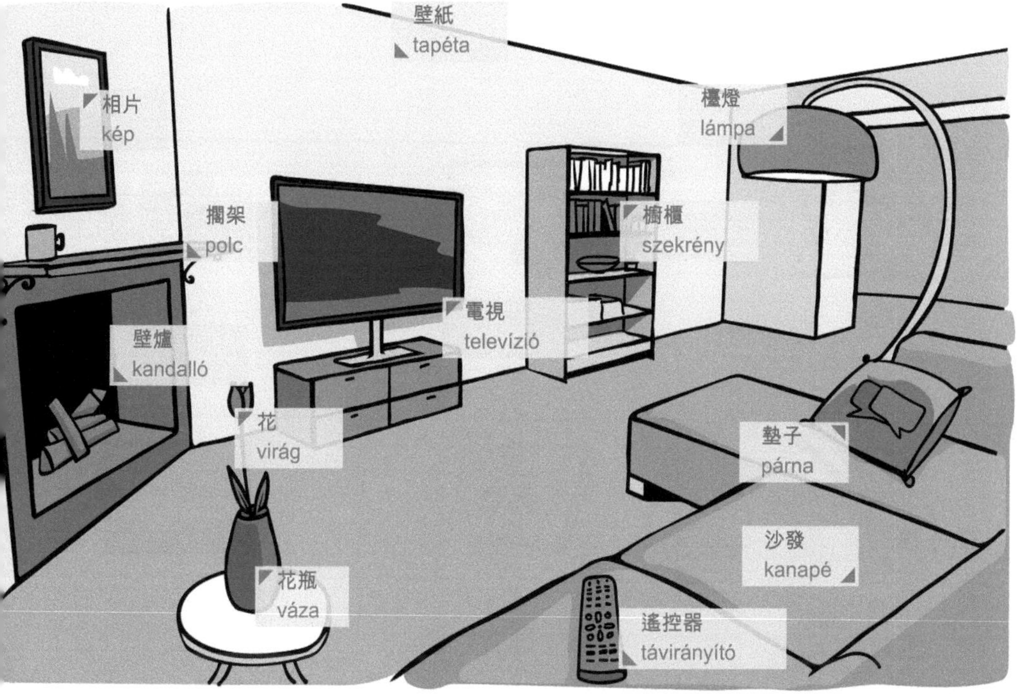

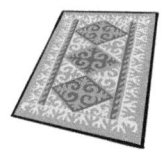

地毯

szőnyeg

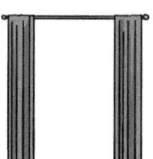

窗簾

függöny

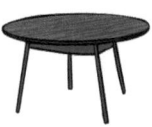

餐桌

asztal

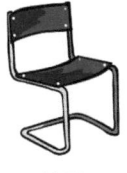

椅子

szék

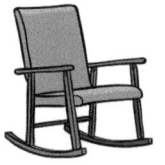

搖椅

hintaszék

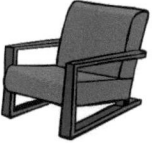

扶手椅

karosszék

書

könyv

毯子

takaró

裝飾品

dekoráció

木柴

tűzifa

電影

film

高傳真音響

hifi

鑰匙

kulcs

報紙

újság

油畫

festmény

海報

poszter

收音機

rádió

筆記本

jegyzetfüzet

吸塵器

porszívó

仙人掌

kaktusz

蠟燭

gyertya

廚房

konyha

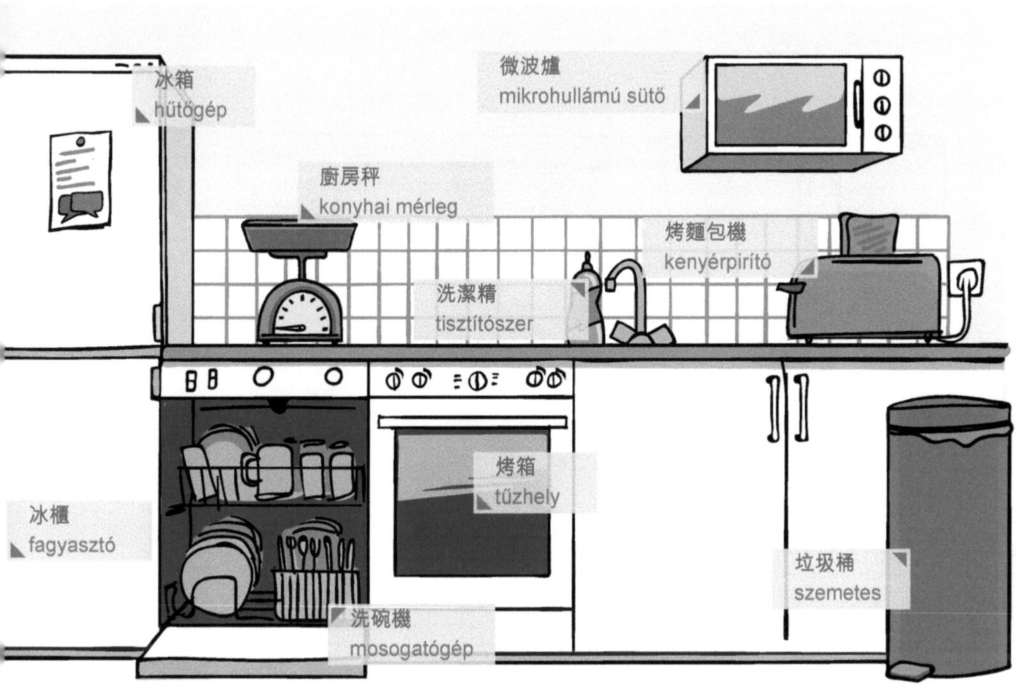

冰箱
hűtőgép
微波爐
mikrohullámú sütő
廚房秤
konyhai mérleg
烤麵包機
kenyérpirító
洗潔精
tisztítószer
烤箱
tűzhely
冰櫃
fagyasztó
垃圾桶
szemetes
洗碗機
mosogatógép

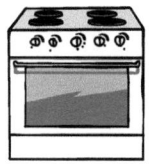

炊具

tűzhely

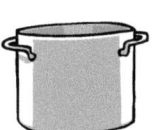

鍋

edény

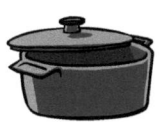

鑄鐵鍋

vasfazék

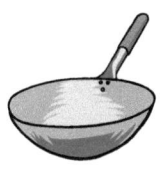

炒鍋

wok / kadai

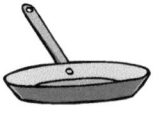

平底鍋

serpenyő

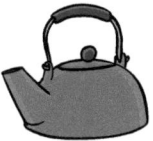

水壺

vízforraló

蒸鍋

pároló

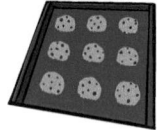

烤盤

tepsi

陶瓷鍋

étkészlet

馬克杯

bögre

碗

tálka

筷子

evöpálcika

長柄勺

merökanál

鏟子

keverőlapátka

攪拌器

habverö

濾網

szűrő

篩子

szita

磨碎機

reszelö

研缽

mozsár

燒烤

grillsütö

明火

kandalló

菜板
vágódeszka

擀麵杖
sodrófa

開瓶器
dugóhúzó

罐子
doboz

開罐器
konzervnyitó

隔熱手套
edényfogó

水槽
mosogató

刷子
kefe

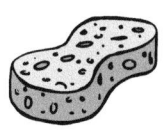

海綿
szivacs

攪拌機
turmixgép

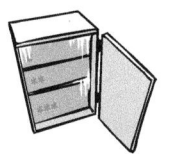

冷藏箱
mélyhűtő

奶瓶
cumisüveg

水龍頭
csap

浴室
fürdőszoba

淋浴
zuhany
供暖裝置
fűtés
毛巾
törölköző
浴簾
zuhanyfüggöny
泡沫浴
habfürdő
浴缸
kád
玻璃杯
pohár
洗衣機
mosógép
水龍頭
csap
瓷磚
csempe
便壺
bili
水槽
mosogató

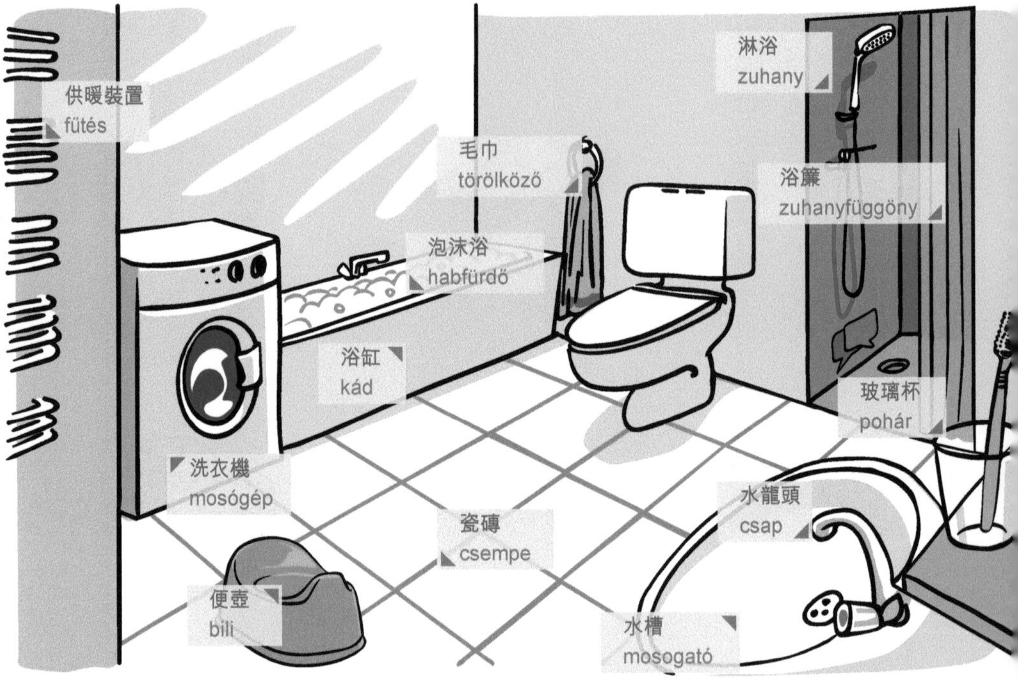

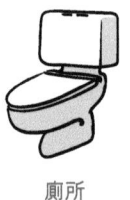

廁所

toalett

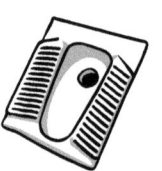

蹲便器

guggolós toalett

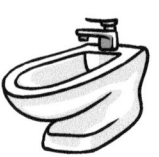

坐浴器

bidé

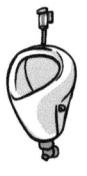

小便斗

piszoár

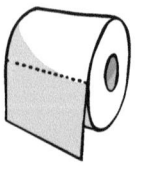

廁紙

toalett papír

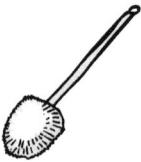

馬桶刷

wc kefe

牙刷

fogkefe

牙膏

fogkrém

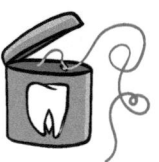

牙線

fogselyem

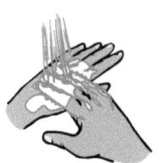

洗

mosni

手持式蓮蓬頭

kézi zuhany

沖洗器

intimzuhany

洗臉盆

mosdótál

洗背刷

hátmosó kefe

肥皂

szappan

沐浴露

tusfürdő

洗髮乳

sampon

法蘭絨

mosdókesztyű

排水

lefolyó

乳霜

krém

除臭劑

dezodor

鏡子

tükör

手鏡

kézitükör

刮鬚刀

borotva

刮鬚泡沫

borotvahab

鬚後水

borotválkozás utáni
arcszesz

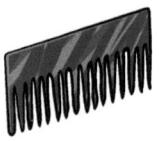

梳子

fésü

刷子

hajkefe

吹風機

hajszárító

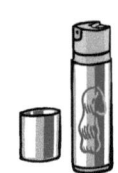

噴髮定型劑

hajlakk

化妝品

smink

唇膏

ajakrúzs

指甲油

körömlakk

化妝棉

vatta

指甲剪

körömvágó olló

香水

parfüm

洗漱包

neszesszer

凳子

sámli

計重秤

mérleg

浴袍

köntös

橡膠手套

gumikesztyű

衛生棉條

tampon

衛生棉

egészségügyi betét

化學廁所

vegyi WC

兒童房

gyerekszoba

鬧鐘
ébresztő óra
毛絨玩具
plüssállat
玩具車
játékautó
撥浪鼓
csörgő
玩具屋
babaház
禮物
ajándék

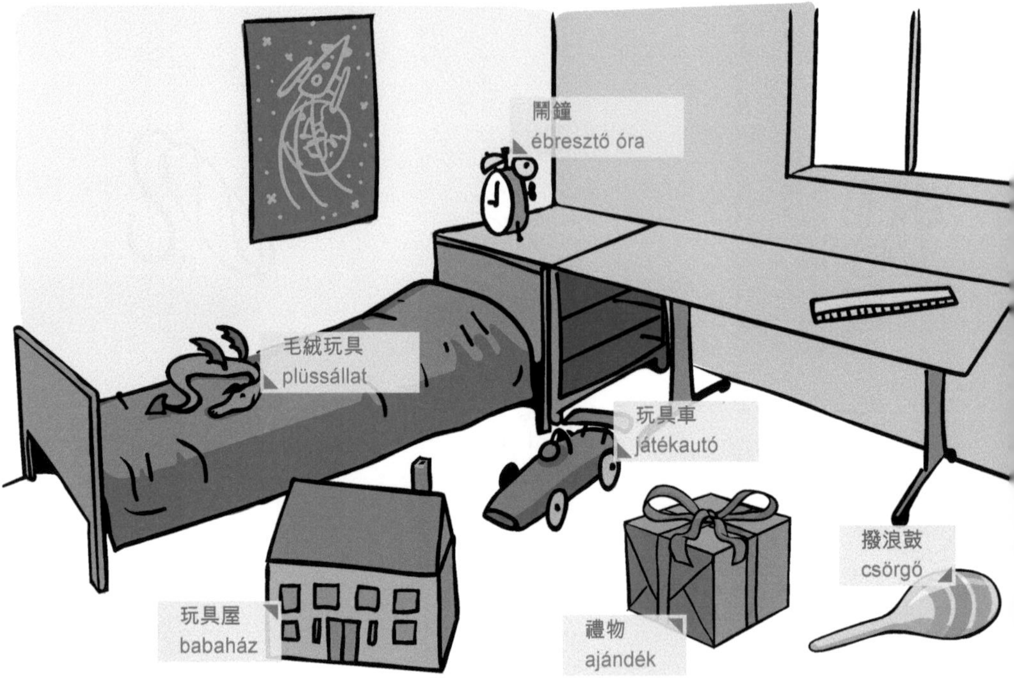

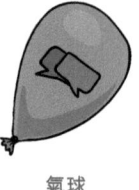

氣球

lufi

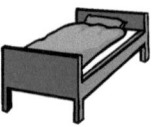

床

ágy

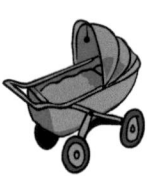

嬰兒車

babakocsi

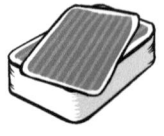

撲克牌

kártyapakli

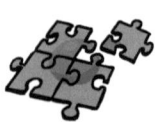

拼圖

kirakós játék

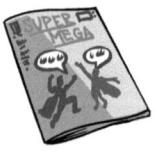

漫畫

képregény

樂高積木

építőkockák

積木玩具

építőelem

公仔

szuperhős

嬰兒服

rugdalózó

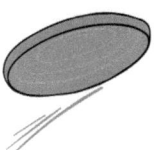

飛盤

frizbi

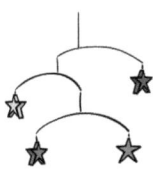

床鈴玩具

zenélő forgó

棋盤遊戲

társasjáték

骰子

kocka

火車模型

modellvasút

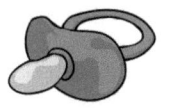

安撫奶嘴

cumi

派對

zsúr

繪本

képeskönyv

球

labda

洋娃娃

baba

玩

játszani

沙坑

homokozó

鞦韆

hinta

玩具

játékok

電玩遊戲

videójáték konzol

三輪車

tricikli

泰迪熊

teddi maci

衣櫃

ruhásszekrény

衣服
ruházat

襪子

zokni

長襪

harisnya

緊身褲

harisnyanadrág

圍巾
sál

雨傘
esernyő

T恤
póló

皮帶
öv

靴子
csizma

拖鞋
papucs

運動鞋
tornacipő

涼鞋
szandál

鞋
cipő

雨靴
gumicsizma

內褲
alsónadrág

胸罩
melltartó

背心
mellény

衣服 - ruházat

45

身體
body

褲子
nadrág

牛仔褲
farmer

短裙
szoknya

女式襯衫
blúz

襯衫
ing

套頭衫
pulóver

連帽上衣
kapucnis pulóver

西裝夾克
blézer

夾克
dzseki

外套
kabát

雨衣
esőkabát

套裝
kosztüm

連衣裙
ruha

婚紗
esküvői ruha

西裝
öltöny

睡袍
hálóing

睡衣
pizsama

莎麗
szári

頭巾
fejkendő

包頭巾
turbán

波卡
burka

卡夫坦
kaftán

(阿拉伯式)長袍
abaya

泳衣
fürdőruha

男式泳褲
fürdőnadrág

短褲
rövidnadrág

運動服
tréningruha

圍裙
kötény

手套
kesztyű

鈕扣

gomb

眼鏡

szemüveg

手鏈

karkötő

項鍊

nyaklánc

戒指

gyűrű

耳環

fülbevaló

便帽

sapka

衣架

vállfa

帽子

kalap

領帶

nyakkendő

拉鍊

cipzár

安全帽

bukósisak

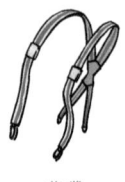

背帶

nadrágtartó

校服

iskolai egyenruha

制服

egyenruha

圍兜

elöke

安撫奶嘴

cumi

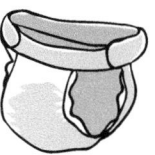

尿布

pelenka

辦公室
iroda

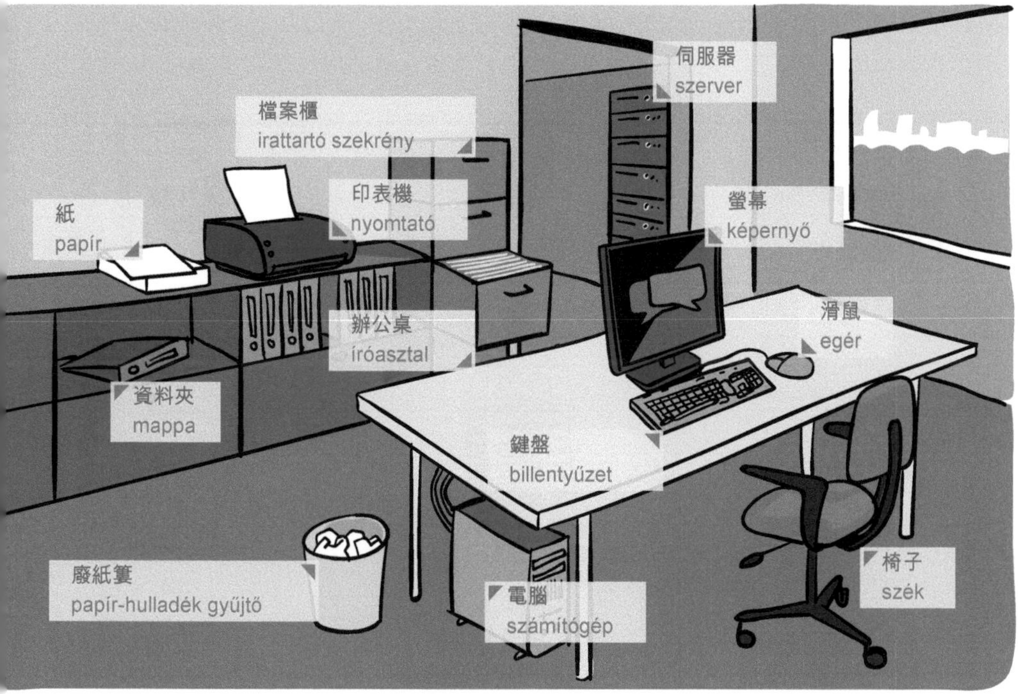

檔案櫃
irattartó szekrény

伺服器
szerver

印表機
nyomtató

紙
papír

螢幕
képernyő

辦公桌
íróasztal

滑鼠
egér

資料夾
mappa

鍵盤
billentyűzet

廢紙簍
papír-hulladék gyűjtö

電腦
számítógép

椅子
szék

咖啡杯

kávéscsésze

計算機

számológép

網際網路

internet

筆記型電腦

laptop

信件

levél

簡訊

üzenet

行動電話

mobiltelefon

網路

hálózat

影印機

fénymásoló

軟體

szoftver

電話

telefon

插座

konnektor

傳真機

faxgép

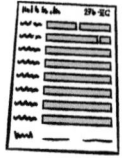

表格

formanyomtatvány

檔案

dokumentum

買
venni

付錢
fizetni

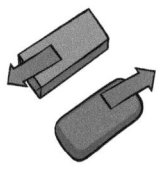

交易
kereskedni

現金
pénz

USD

美元
dollár

EUR

歐元
euró

JPY

日元
jen

RUB

盧布
rubel

CHF

瑞士法郎
svájci frank

CNY

人民幣
kínai jüan

INR

盧比
rúpia

提款處
bankautomata

外幣兌換處

valutaváltó iroda

金

arany

銀

ezüst

石油

olaj

能源

energia

價格

ár

合約

szerződés

稅金

adó

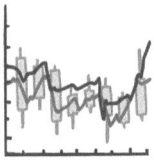

股票

részvény

工作

dolgozni

職員

munkavállaló

老闆

munkaadó

工廠

gyár

商店

üzlet

職業
foglalkozások

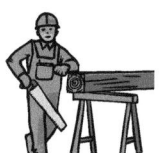

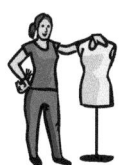

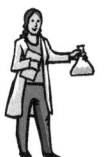

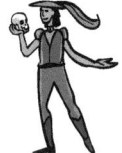

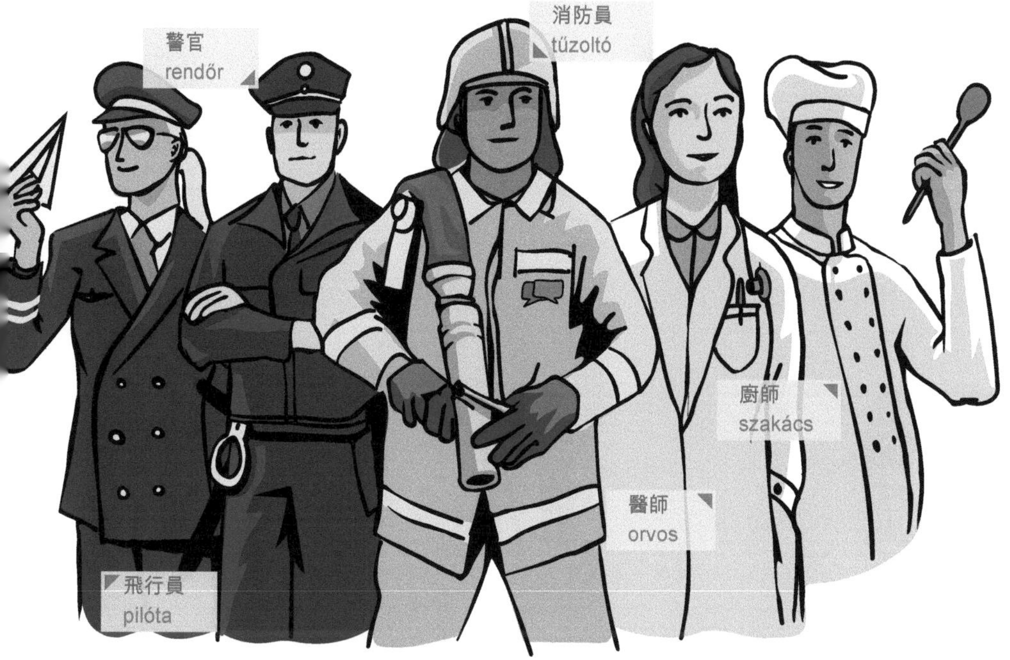
警官
rendőr
消防員
tűzoltó
廚師
szakács
醫師
orvos
飛行員
pilóta

園丁
kertész

木匠
kárpitos

裁縫
varrónő

法官
bíró

化學家
vegyész

演員
színész

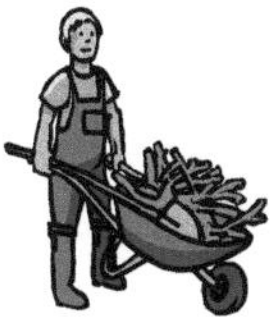

公車司機

buszsofőr

計程車司機

taxisofőr

漁夫

halász

清洗女工

bejárónő

屋頂工

tetőfedő

服務生

pincér

獵人

vadász

畫家

festő

麵包師

pék

電工

villanyszerelő

建築工人

építőmunkás

工程師

mérnök

屠夫

hentes

水管工

vízvezeték-szerelő

郵差

postás

士兵

katona

建築師

építész

收銀員

eladó

花農

virágos

理髮師

fodrász

售票員

kalauz

機械技師

műszerész

船長

kapitány

牙醫

fogorvos

科學家

tudós

拉比

rabbi

伊瑪目

imám

和尚

szerzetes

牧師

lelkész

工具
szerszámok

鐵錘
kalapács
鉗子
fogó
螺絲起子
csavarhúzó
扳手
csavarkulcs
手電筒
elemlámpa

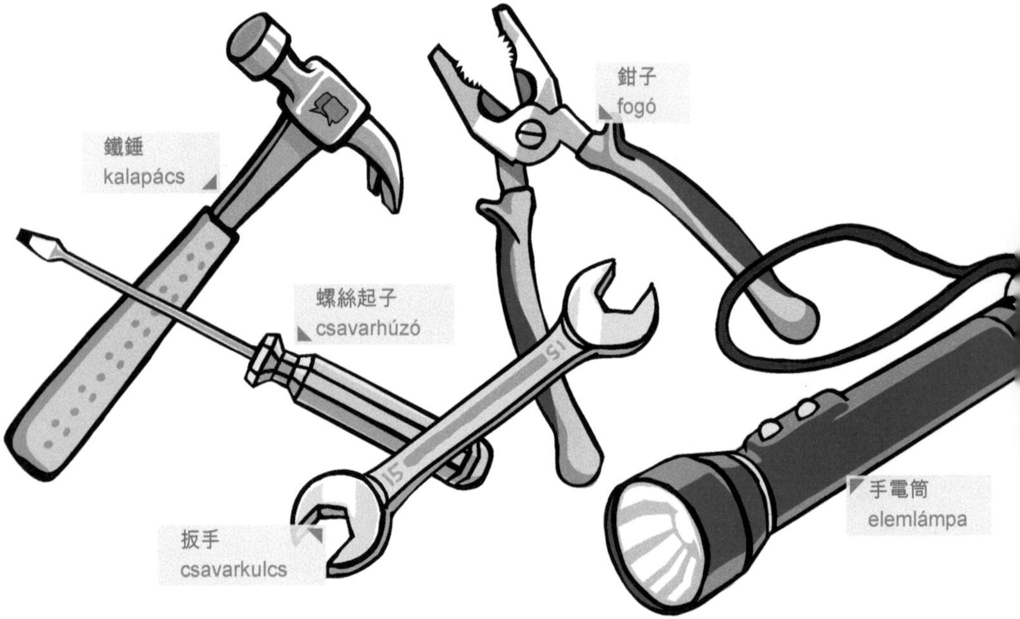

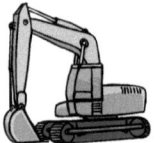

挖掘機
markológép

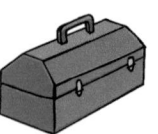

工具箱
szerszámosláda

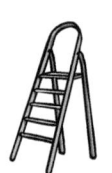

梯子
vödör

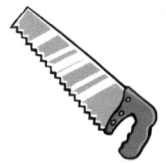

鋸子
fűrész

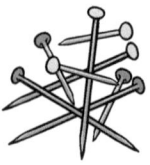

釘子
szög

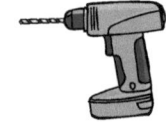

鑽機
fúrógép

修
megjavítani

鏟子
lapát

糟糕！
A francba!

畚箕
szemétlapát

油漆桶
festékesdoboz

螺絲
csavar

樂器
hangszerek

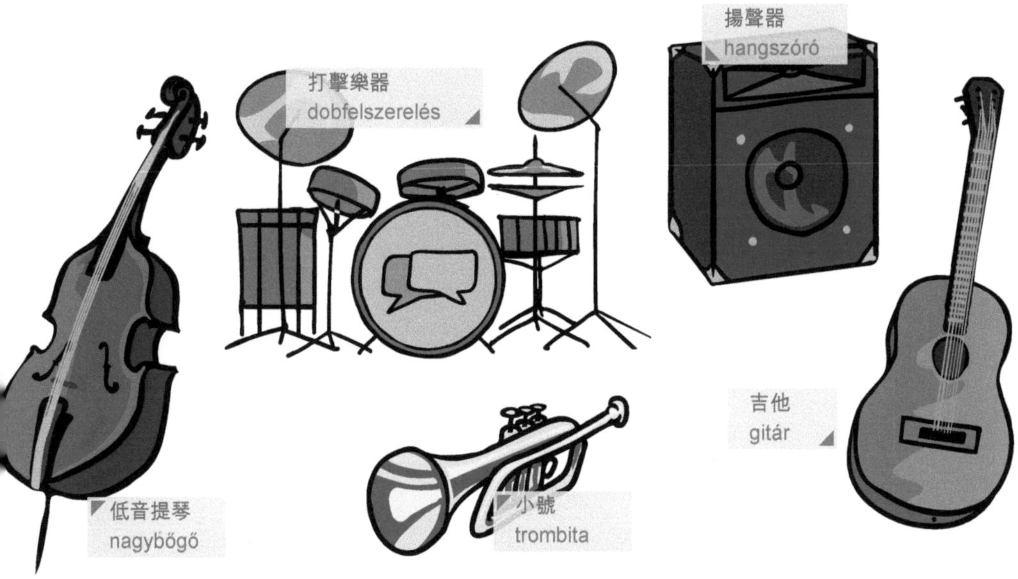

打擊樂器
dobfelszerelés

揚聲器
hangszóró

吉他
gitár

低音提琴
nagybőgő

小號
trombita

鋼琴

zongora

小提琴

hegedű

貝斯

basszusgitár

定音鼓

üstdob

鼓

dobok

電子琴

digitális zongora

薩克斯風

szaxofon

長笛

fuvola

麥克風

mikrofon

動物園

állatkert

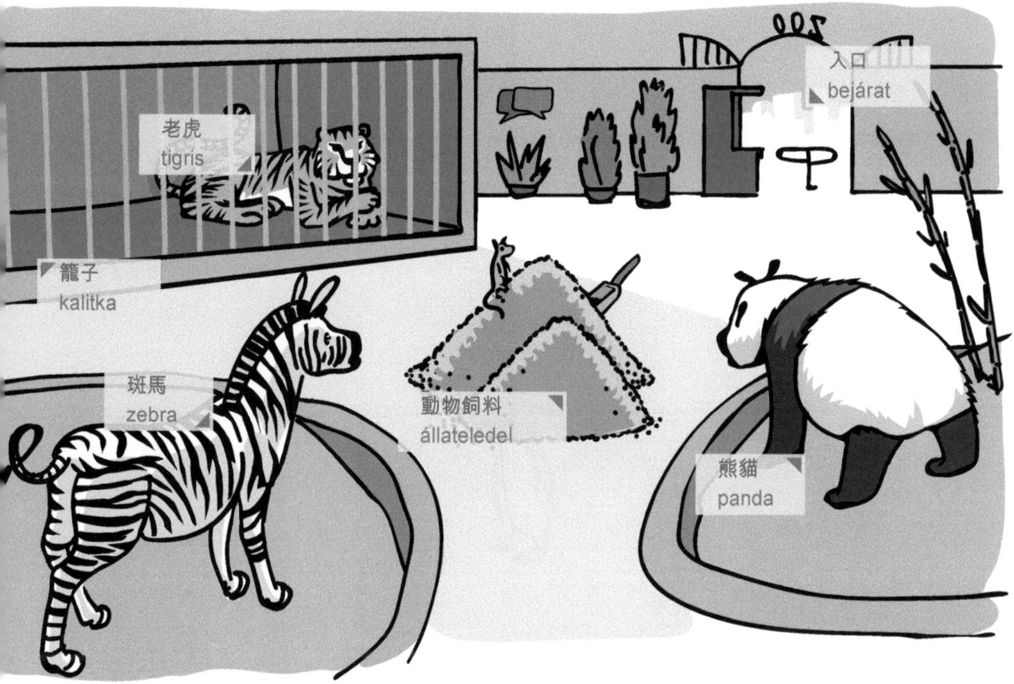

入口
bejárat
老虎
tigris
籠子
kalitka
斑馬
zebra
動物飼料
állateledel
熊貓
panda

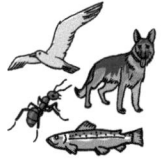

動物

állatok

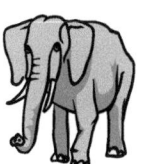

大象

elefánt

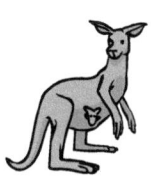

袋鼠

kenguru

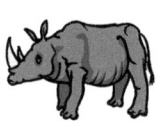

犀牛

orrszarvú

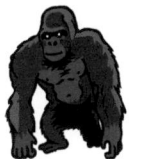

大猩猩

gorilla

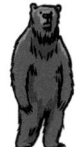

熊

medve

駱駝

teve

鴕鳥

strucc

獅子

oroszlán

猴子

majom

紅鶴

flamingó

鸚鵡

papagáj

北極熊

jegesmedve

企鵝

pingvin

鯊魚

cápa

孔雀

páva

蛇

kígyó

鱷魚

krokodil

動物園管理員

állatgondozó

海豹

fóka

美洲豹

jaguár

矮種馬
póniló

豹
leopárd

河馬
víziló

長頸鹿
zsiráf

老鷹
sas

野豬
vaddisznó

魚
hal

龜
teknős

海象
rozmár

狐狸
róka

羚羊
gazella

橄欖球
amerikai futball

騎腳踏車
kerékpározás

網球
tenisz

籃球
kosárlabda

游泳
úszás

拳擊
boksz

冰球
jégkorong

美式足球
futball

羽毛球
tollas

田徑
atlétika

手球
kézilabda

滑雪
síelés

馬球
lovaspóló

活動

tevékenységek

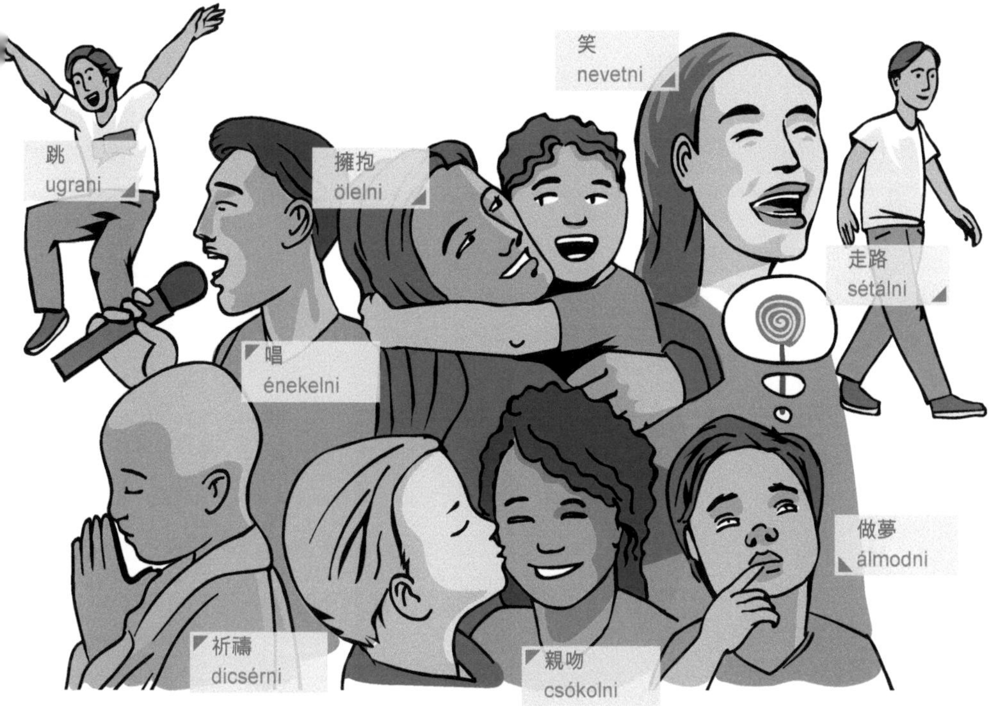

笑
nevetni
跳
ugrani
擁抱
ölelni
走路
sétálni
唱
énekelni
做夢
álmodni
祈禱
dicsérni
親吻
csókolni

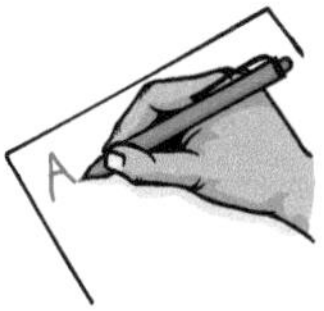

書寫

írni

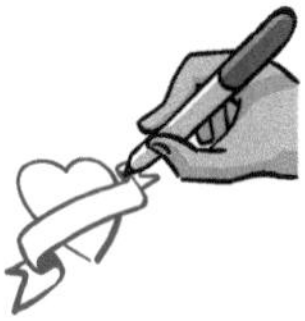

畫

rajzolni

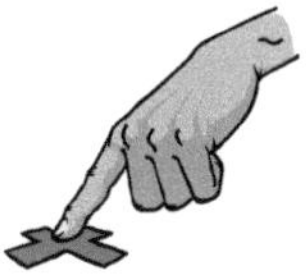

展示

mutatni

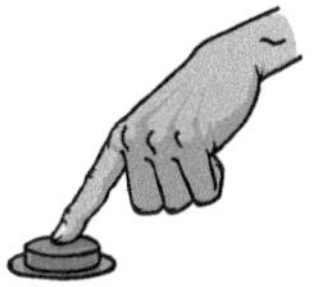

推

tolni

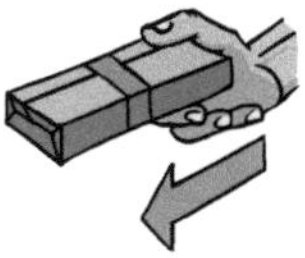

給

adni

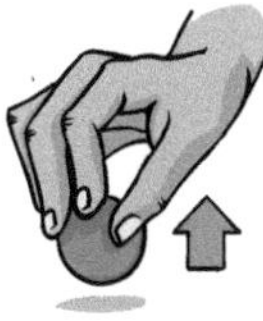

拿

vinni

有
birtokolni

做
csinálni

當
lenni

站
állni

跑
futni

拉
húzni

丟
hajít

摔倒
esni

躺
hazudni

等待
várni

攜帶
vinni

坐
ülni

穿衣
felvenni

睡覺
aludni

醒來
felébredni

看
ránézni

哭
sírni

擊
simogat

梳頭
fésülni

交談
beszélni

明白
megérteni

問
kérdezni

聽
hallgatni

喝
inni

吃
enni

清理
takarítani

愛
szeretni

做飯
főzni

開車
vezetni

飛
szállni

航行

vitorlázni

計算

számol

讀

olvasni

學習

tanulni

工作

dolgozni

結婚

házasodni

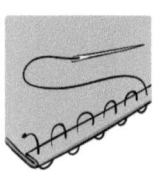

縫

varrni

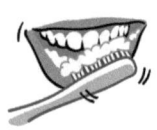

刷牙

fogat mosni

殺

ölni

抽菸

dohányozni

寄

küldeni

祖母
nagymama

祖父
nagypapa

父親
apa

母親
anya

嬰兒
kisbaba

女兒
lány

兒子
fiú

客人

vendég

阿姨

nagynéni

叔叔

nagybácsi

兄弟

fiútestvér

姐妹

lánytestvér

身體

test

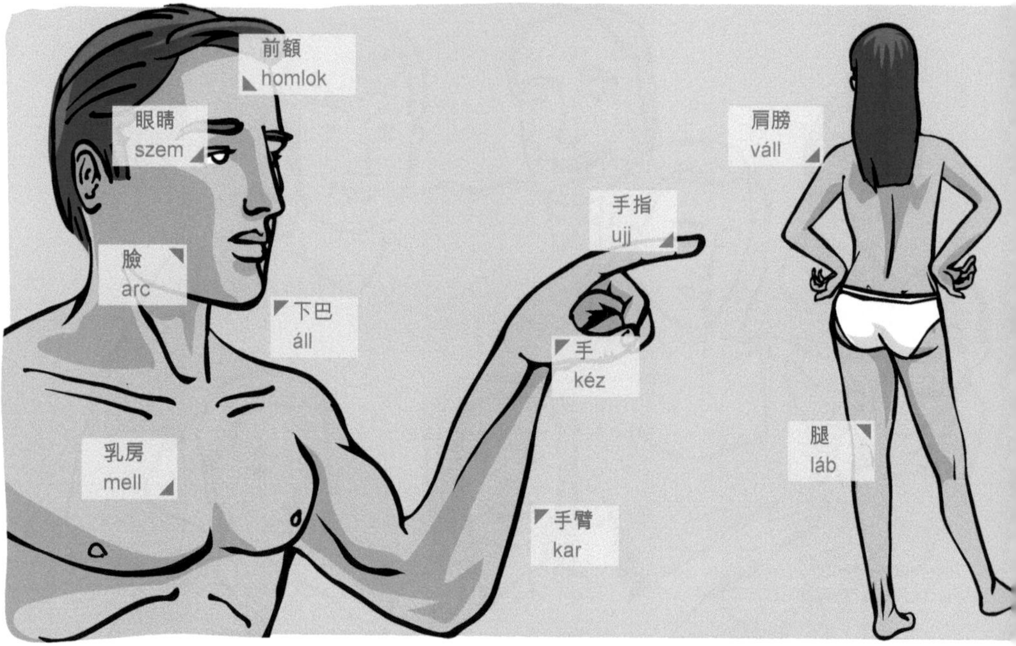

前額
homlok
眼睛
szem
肩膀
váll
手指
ujj
臉
arc
下巴
áll
手
kéz
腿
láb
乳房
mell
手臂
kar

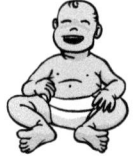

嬰兒
kisbaba

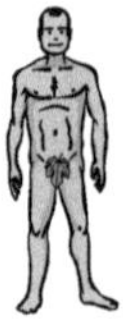

男人
ember

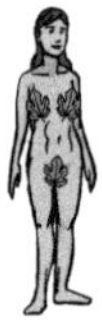

女人
nő

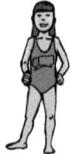

女孩
lány

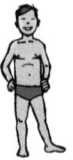

男孩
fiú

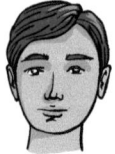

頭
fej

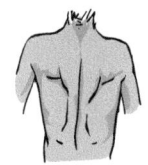

背部

hát

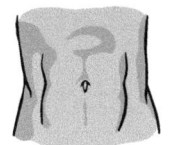

肚子

has

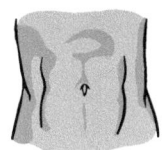

肚臍

köldök

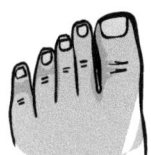

腳趾

lábujj

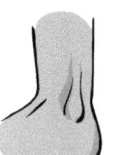

腳後跟

sarok

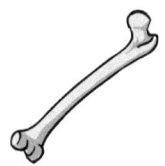

骨頭

csont

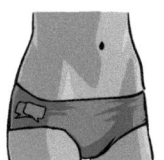

臀部

csípő

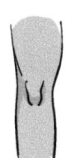

膝蓋

térd

手肘

könyök

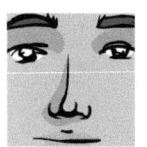

鼻子

orr

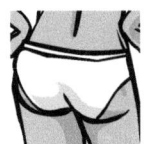

屁股

fenék

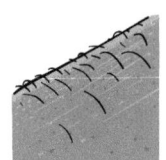

皮膚

bőr

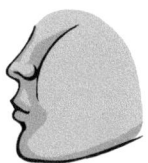

臉頰

orca

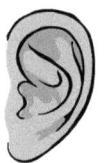

耳朵

fül

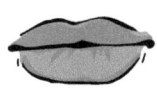

嘴唇

ajak

嘴

száj

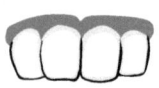

牙齒

fog

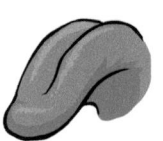

舌頭

nyelv

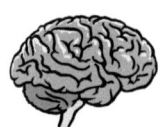

腦

agy

心臟

szív

肌肉

izom

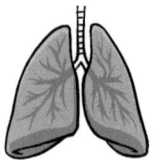

肺

tüdő

肝臟

máj

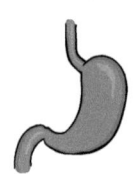

胃

gyomor

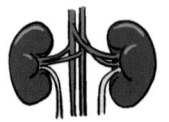

腎臟

vese

性交

szex

保險套

kondom

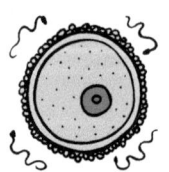

卵子

petesejt

精子

sperma

懷孕

terhesség

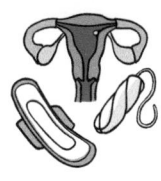

月事

menstruáció

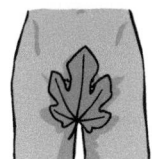

陰道

vagina

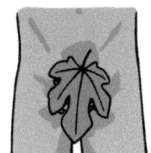

陰莖

pénisz

眉毛

szemöldök

頭髮

haj

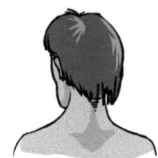

脖子

nyak

醫院

kórház

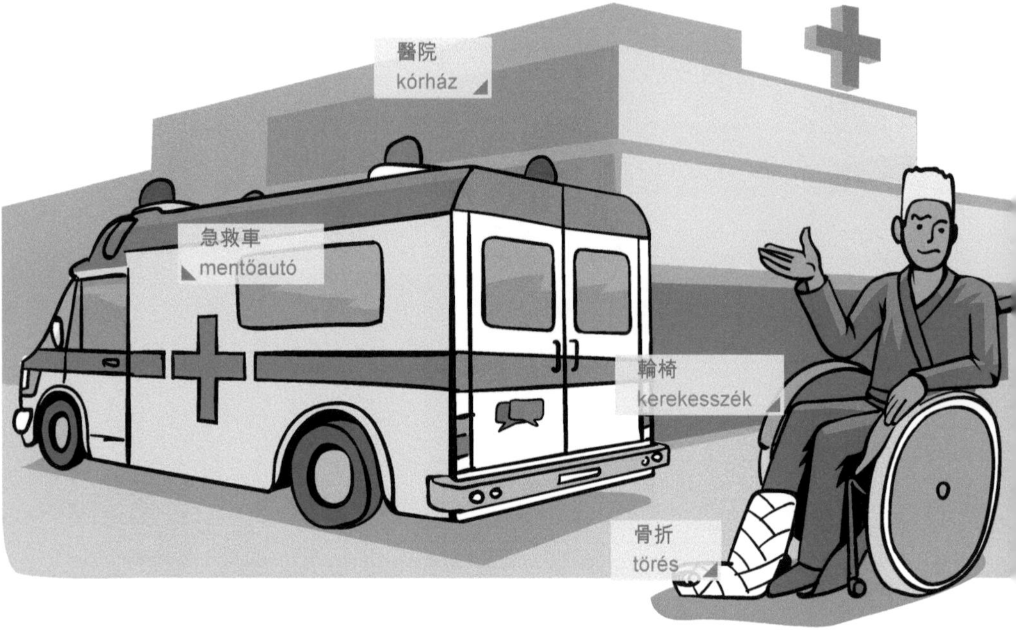

醫院
kórház
急救車
mentőautó
輪椅
kerekesszék
骨折
törés

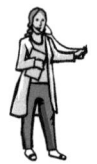

醫師

orvos

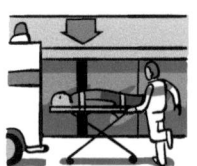

急診室

sürgősségi osztály

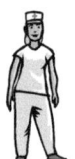

護理師

ápoló

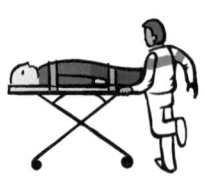

緊急情形

vészhelyzet

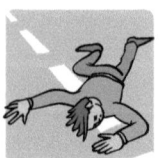

昏迷

eszméletlen

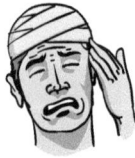

痛

fájdalom

受傷

sérülés

出血

vérzés

心臟病發作

szívroham

中風

szélütés

過敏

allergia

咳嗽

köhögés

發燒

láz

流感

influenza

腹瀉

hasmenés

頭痛

fejfájás

癌症

rák

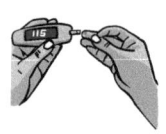

糖尿病

cukorbetegség

外科醫師

sebész

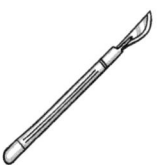

手術刀

szike

手術

műtét

電腦斷層掃描
CT

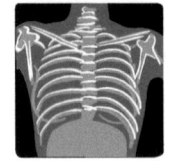

X光
röntgen

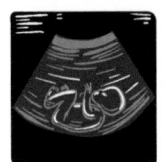

超音波
ultrahang

口罩
arcmaszk

疾病
betegség

候診室
váróterem

拐杖
mankó

石膏
sebtapasz

繃帶
kötszer

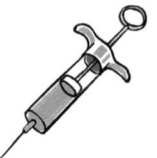

注射
injekció

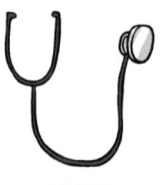

聽診器
sztetoszkóp

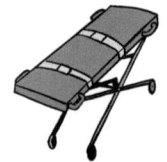

擔架
hordágy

體溫計
klinikai hőmérő

出生
születés

超重
túlsúly

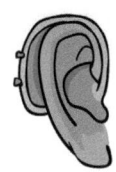		
助聽器 hallókészülék	消毒液 fertőtlenítőszer	感染 fertőzés

病毒 vírus	愛滋病 HIV/AIDS	藥物 orvosság
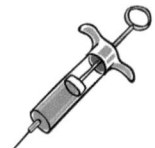	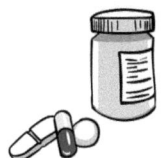	
接種疫苗 oltás	藥片 tabletták	藥丸 tabletta
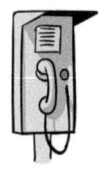		
急救電話 sürgősségi hívás	血壓計 vérnyomásmérő	生病/健康 betegség / egészség

救命！

Segítség!

警報

riasztás

突擊

rajtaütés

攻擊

támadás

危險

veszély

緊急出口

vészkijárat

失火了！

tűz!

滅火器

tűzoltókészülék

意外

baleset

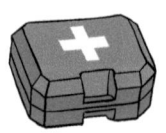

急救箱

elsösegélycsomag

呼救訊號

SOS

員警

rendőrség

歐洲

Európa

北美洲

Észak-Amerika

南美洲

Dél-Amerika

非洲

Afrika

亞洲

Ázsia

澳洲

Ausztrália

大西洋

Atlanti-óceán

太平洋

Csendes-óceán

印度洋

Indiai-óceán

南冰洋

Déli-óceán

北冰洋

Jeges-tenger

北極

Északi-sark

南極
Déli-sark

南極洲
Antarktisz

地球
föld

陸地
szárazföld

海
tenger

島
sziget

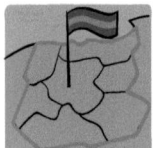

國家
nemzet

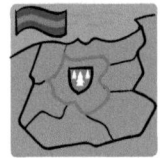

州
állam

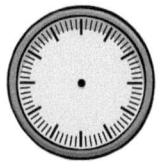

錶盤

számlap

時針

kismutató

分針

nagymutató

秒針

másodpercmutató

現在幾點？

Mennyi az idő?

天

nap

時間

idő

現在

most

電子錶

digitális óra

分

perc

時

óra

週

hét

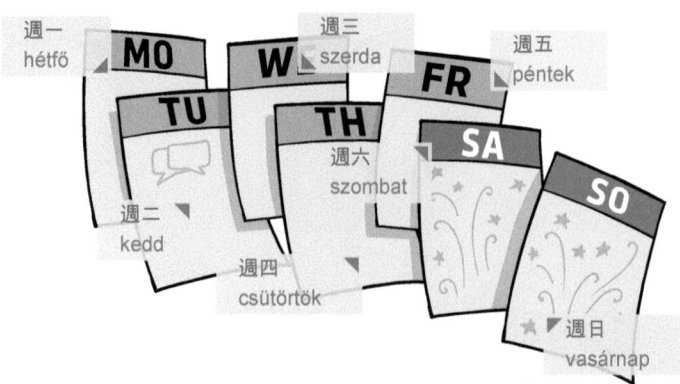

週一 hétfő
週二 kedd
週三 szerda
週四 csütörtök
週五 péntek
週六 szombat
週日 vasárnap

昨天
tegnap

今天
ma

明天
holnap

早晨
reggel

中午
dél

晚上
este

工作日
hétköznap

週末
hétvége

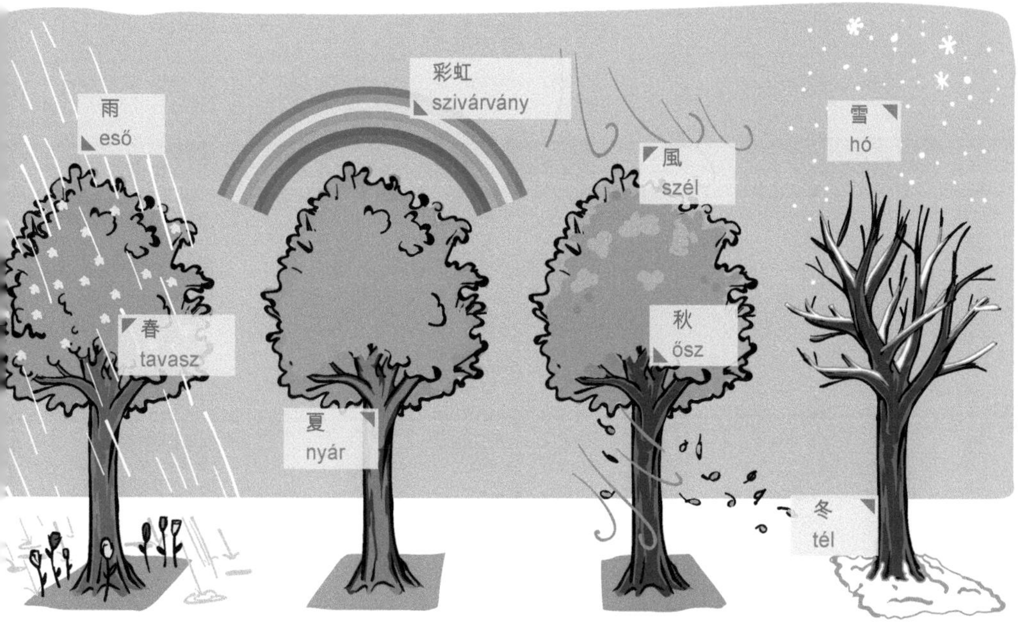

雨
eső

彩虹
szivárvány

雪
hó

風
szél

春
tavasz

秋
ősz

夏
nyár

冬
tél

4.APRIL	11°	☀
5.APRIL	4°	⛅
6.APRIL	13°	⛅
7.APRIL	8°	❄
8.APRIL	10°	❄

天氣預告

idöjárás elörejelzés

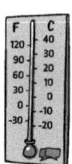

溫度計

hömérő

陽光

napsütés

雲

felhő

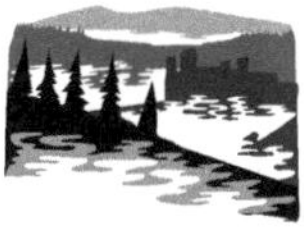

霧

köd

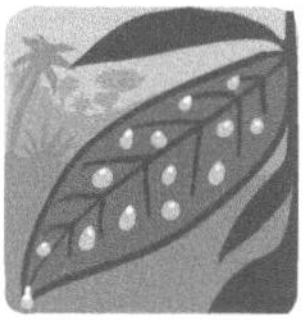

潮濕

páratartalom

閃電

villámlás

打雷

mennydörgés

風暴

vihar

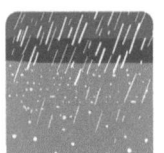

冰雹

jégeső

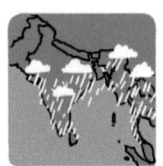

季風

monszun

洪水

áradás

冰

jég

一月

január

二月

február

三月

március

四月

április

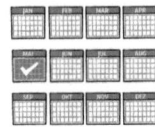

五月

május

六月

június

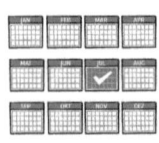

七月

július

八月

augusztus

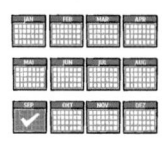

九月
....
szeptember

十月
....
október

十一月
....
november

十二月
....
december

圓形
....
kör

正方形
....
négyzet

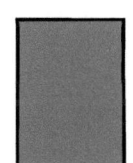

長方形
....
téglalap

三角形
....
háromszög

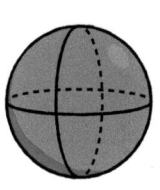

球體
....
gömb

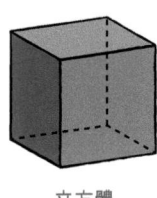

立方體
....
kocka

白

fehér

黄

sárga

橙

narancs

粉

rózsaszín

紅

piros

紫

lila

藍

kék

綠

zöld

棕

barna

灰

szürke

黑

fekete

很多/少許

sok / kevés

生氣/平靜

mérges / nyugodt

美/醜

szép / csúnya

首/尾

kezdet / vég

大/小

nagy / kicsi

明/暗

világos / sötét

兄弟/姐妹

fivér / nővér

乾淨/骯髒

tiszta / koszos

完整/缺失

teljes / nem teljes

白天/晚上

nappal / éjszaka

死/生

halott / élő

寬/窄

széles / keskeny

可食用/非食用

ehető / nem ehető

邪惡/善良

gonosz / kedves

興奮/無聊

izgatott / unott

胖/瘦

kövér / vékony

第一/最後

első / utolsó

朋友/敵人

barát / ellenség

滿/空

teli / üres

硬/軟

kemény / puha

重/輕

nehéz / könnyű

餓/渴

éhség / szomjúság

生病/健康

betegség / egészség

非法/合法

illegális / legális

聰明/愚笨

intelligens / buta

左/右

bal / jobb

近/遠

közel / távol

新/舊

új / használt

沒有/有些

semmi / valami

老/幼

idős / fiatal

開/關

be / ki

打開/闔上

nyitva / zárva

安靜/吵鬧

csendes / hangos

富/窮

gazdag / szegény

對/錯

helyes / helytelen

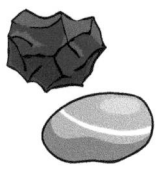

粗糙/光滑

érdes / sima

傷心/高興

szomorú / vidám

短/長

rövid / hosszú

慢/快

lassú / gyors

濕/乾

nedves / száraz

溫暖/涼爽

meleg / hideg

戰爭/和平

háború / béke

0	**1**	**2**
零	一	二
nulla	egy	kettő

3	**4**	**5**
三	四	五
három	négy	öt

6	**7**	**8**
六	七	八
hat	hét	nyolc

9	**10**	**11**
九	十	十一
kilenc	tíz	tizenegy

12

十二

tizenkettő

13

十三

tizenhárom

14

十四

tizennégy

15

十五

tizenöt

16

十六

tizenhat

17

十七

tizenhét

18

十八

tizennyolc

19

十九

tizenkilenc

20

二十

húsz

100

百

száz

1.000

千

ezer

1.000.000

百萬

millió

數字 - számok

英語

angol

美式英語

amerikai angol

普通話

mandarin kínai

印地語

hindi

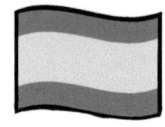

西班牙語

spanyol

法語

francia

阿拉伯語

arab

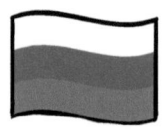

俄語

orosz

葡萄牙語

portugál

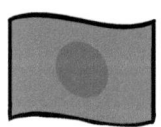

孟加拉語

bengáli

德語

német

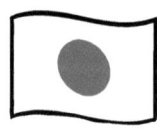

日語

japán

我

én

你

te

他/她/它

ö

我們

mi

你們

ti

他們

ök

誰？

ki?

什麼？

mi?

如何？

hogyan?

何處？

hol?

何時？

mikor?

名字

név

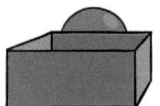

後面

mögött

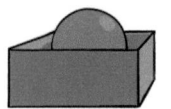

裡面

benne

前面

előtte

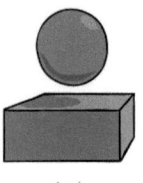

上方

felette

上面

rajta

下麵

alatta

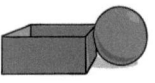

旁邊

mellett

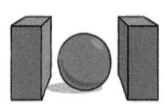

中間

között

地點

hely